C/ Campezo, 13 - 28022 Madri
Tel.: 91 3009100 - Fax: 91 3009118/
Ilustrações: Miguel Ángel Rodríguez Cerro

Tradução: Paloma Blanca
Editora: Jamille Gentile
Preparação de texto: Vanessa Almeida
Revisão: Angela das Neves, Mariana Fujisawa e Jamille Gentile
Diagramação: Thamires Assis

1ª Edição em 2024
www.cirandacultural.com.br

DINOSSAUROS

Ciranda Cultural

OS PRIMEIROS DINOSSAUROS

◀ HERRERASSAURO

Foi o primeiro predador dos grandes dinossauros. Na época em que ele viveu, ainda havia poucas espécies e quase todas eram muito pequenas.

CELÓFISE ▼

A cabeça pontuda e os pequenos dentes afiados, bem como seu peso e suas longas garras e patas traseiras, fizeram dele um ágil caçador.

◀ EORAPTOR

Era do tamanho de um cão da raça bassê e comia lagartos, insetos e pequenos mamíferos.

PLATEOSSAURO ▼

Foi o primeiro dinossauro herbívoro a conseguir se alimentar das folhas de árvores altas. Isso porque ele conseguia se manter em duas ou quatro patas.

Os dinossauros foram um grupo de répteis que dominaram a Terra durante uma época denominada “era Mesozoica”, que foi composta por três períodos: Triássico, Jurássico e Cretáceo.

Esses animais tinham escamas e botavam ovos, mas eram diferentes dos répteis primitivos, pois podiam andar e correr, e tinham patas compridas.

O Triássico começou há 251 milhões de anos e, durante esse período, muitas novas formas de vida se desenvolveram, como os primeiros dinossauros.

E O JURÁSSICO CHEGOU

CRIOLOFOSSAURO

É o dinossauro mais antigo do gênero: viveu há cerca de 200 milhões de anos na Antártica. Por causa de sua crista, é popularmente conhecido como "Elvissauro".

DILOFOSSAURO

Foi um dos primeiros carnívoros grandalhões do período Jurássico. Acredita-se que esse caçador usava a sua crista dupla para chamar a atenção.

ALOSSAURO

Ele não era muito veloz, então teve que desenvolver certa astúcia para caçar. Por isso, é bem provável que ele perseguisse os animais mais fracos de outras espécies, como filhotes e velhos ou doentes.

MEGALOSSAURO

Embora seu tamanho e sua ferocidade lhe permitissem atacar até grandes saurópodes, é provável que, às vezes, ele se alimentasse de presas mortas.

OS GIGANTES SAURÓPODES

Durante o período Jurássico, o clima tornou-se mais úmido, mas permaneceu muito quente, ajudando, assim, na formação de enormes pastagens e florestas repletas de samambaias e coníferas.

Nesse período, os dinossauros herbívoros tinham abundância de alimentos, o que contribuiu para o seu crescimento. O mesmo aconteceu com os carnívoros. Como os fósseis dos animais de grande porte estão muito mais bem preservados do que os dos menores, temos mais informações sobre os grandes dinossauros.

DIPLODOCO ▶

Durante muitos anos, seus 26 metros de comprimento lhe deram o título de maior dinossauro de todos. Ele passava a maior parte do tempo procurando comida e não se afastava muito do grupo.

◀ BRAQUIOSSAURO

Podia arrancar folhas do topo das árvores, alcançando uma altura equivalente a quatro andares, graças ao seu superpescoço de 12 metros; ele sequer precisava se erguer sobre duas patas.

APATOSSAURO ▶

Também é conhecido como "Brontossauro". Podia se erguer nas patas traseiras para alcançar os galhos mais altos.

◀ CAMARASSAURO

As suas quatro patas tinham quase o mesmo tamanho, o que dava a ele uma postura mais horizontal. Por causa do peso (até 18 toneladas), ele não conseguia se erguer nas patas traseiras.

No final do período Jurássico, um grupo de répteis teve um grande surto de crescimento: os saurópodes. Eles eram enormes dinossauros herbívoros e quadrúpedes (andavam em quatro patas), com pescoço longo, cabeça pequena e cauda forte. As espécies maiores, como o Argentinossauro, mediam mais de 30 metros de comprimento, da cabeça à cauda. Nos dias de hoje, só existe um animal que se aproxima dessa medida: a baleia-azul, que possui quase 30 metros e pode pesar mais de 150 toneladas.

PEQUENOS, MAS VALENTES

◀ EORAPTOR

Esse dinossauro media 1 metro de comprimento e cerca de 30 centímetros de altura, apenas. Além disso, pesava em torno de 10 quilos.

COMPSOGNATO ▶

Com aproximadamente 1 metro de comprimento e pesando 3 quilos, era o menor dinossauro.

◀ HIPSILOFODONTE

Esse dinossauro herbívoro tinha 28 dentes salientes e triangulares, além de mandíbulas que lhe permitiam mastigar melhor.

ORNITOLESTE ▶

Embora medisse cerca de 2 metros de comprimento, era um carnívoro muito hábil graças à velocidade e às mãos preênseis, ou seja, que se moviam como as dos humanos.

O que sempre chamou a atenção nos dinossauros foi seu enorme tamanho. Contudo, nem todos eram tão grandes assim; alguns não eram sequer maiores do que uma raposa.

A maioria dos pequenos dinossauros era bípede, ou seja, corria em alta velocidade sobre duas patas para escapar de grandes predadores.
Mas isso não significa que todos eram herbívoros. Havia também pequenos dinossauros carnívoros, que eram especialistas em caçar.

OS TERÓPODES MAIS FEROZES

◀ VELOCIRRAPTOR

Não era grande (pesava apenas cerca de 20 quilos), mas era um excelente caçador, graças às terríveis garras com as quais cortava suas presas.

TIRANOSSAURO REX ▶

É o mais conhecido dos terópodes. Media cerca de 12 metros de comprimento e é o maior carnívoro terrestre que já existiu. Tinha uma cabeça enorme, equilibrada por uma cauda imensa e pesada.

◀ CARNOTAURO

Tinha dois pequenos chifres sobre os olhos. Apesar do tamanho, era um corredor ágil, o que o ajudava na captura de sua presa.

BARIONIX ▶

Sua cabeça se prendia ao corpo em um ângulo estranho, e sua boca de crocodilo possuía 96 dentes, o dobro dos outros terópodes.

Os terópodes (cujo nome significa "pés de fera") eram uma família de dinossauros carnívoros, que andavam sobre pernas traseiras e que viviam em vários continentes, embora a maior concentração de espécies tenha sido encontrada na América do Norte.

A posição dos olhos no crânio dos terópodes sugere um grande desenvolvimento da visão, o que lhes permitia focar e calcular distâncias durante a caça. Além disso, tinham a capacidade de distinguir algumas cores.

OS "BICOS DE PATO"

HADROSSAURO ►

Seu nome significa "lagarto robusto". Estima-se que ele media cerca de 8 metros de comprimento.

◄ CORITOSSAURO

Eles tinham uma crista alta e estreita, provavelmente com cores chamativas para poderem se reconhecer entre si.

PARASSAUROLOFO ▲

Possuía uma enorme crista em forma de tubo na cabeça, que se projetava para cima e para trás. Medindo quase 2 metros, ela se ligava ao nariz.

◄ MAIASSAURA

Conhecido por cuidar de seus filhotes. O significado de seu nome é "lagarto boa mãe".

Os dinossauros desse grupo são chamados de "hadrossaurídeos", mas são mais conhecidos como "bicos de pato", pois seus focinhos tinham esse formato.

Eles eram herbívoros. Usavam o bico para cortar as folhas e esmagá-las com as centenas de dentes que tinham na parte de trás das mandíbulas e que se substituíam continuamente.

Muitos tinham cristas estranhas na cabeça, que podiam ser usadas para emitir sons e se comunicar ou para reconhecer uns aos outros.

DINOSSAUROS COM CHIFRES

◀ TRICERÁTOPO

Foi o maior ceratopsídeo. Tinha cerca de 9 metros de comprimento e uma cabeça enorme que podia medir 3 metros.

ESTIRACOSSAURO ▲

A placa óssea em sua cabeça era revestida por espinhos laterais, que se estendiam para trás.

◀ PENTACERÁTOPO

Era quase tão grande quanto o Tricerátopo, mas sua cabeça era maior. Foi o animal com o maior crânio que já andou sobre a Terra.

CENTROSSAURO ▲

Distinguia-se dos demais por possuir dois curiosos chifres curvados na cabeça, semelhantes a ganchos.

ARMADURAS E CAPACETES

Alguns dinossauros herbívoros, chamados Ceratopsídeos, tinham chifres no nariz (em alguns casos, também sobre os olhos) e placas ósseas ao redor do pescoço. Isso sem dúvida fazia os predadores pensarem duas vezes antes de atacá-los. Outra característica comum desses dinossauros era o poderoso bico curvo, como o de um papagaio, com o qual arrancavam as folhas mais resistentes e as plantas lenhosas.

◄ POLACANTO

Sua armadura pontiaguda ajudava-o a se defender dos predadores.

ANQUILOSSAURO ▲

Ele tinha um corpo blindado com placas pesadas e uma espécie de bola óssea na cauda com a qual podia atacar efetivamente seus inimigos.

PAQUICEFALOSSAURO ►

Em sua cabeça, havia um tipo de capacete ósseo bem duro, com cerca de 25 centímetros de espessura. Mais grosso que dois tijolos!

◄PROTOCERÁTOPO

Sua cabeça era protegida por uma sólida placa óssea, que servia de defesa contra possíveis ataques frontais.

Durante o período Cretáceo, diferentes espécies de dinossauros herbívoros eram cobertas por uma couraça de espinhos, que usavam como se fosse uma armadura, ou dotadas de outras defesas para se protegerem de predadores.

A aparência deles impressionava e era intimidante. O maior de todos era o Anquilossauro, com cerca de 8 metros de comprimento. Com um único golpe de sua pesada cauda em forma de clava, ele podia quebrar os ossos de seu atacante.

PLACAS E ESPINHOS

AMARGASSAURO ▶

Tinha uma fileira de espinhos cobertos de pele ao longo das costas, que pareciam velas. Ele viveu durante o Cretáceo.

◀ ESPINOSSAURO

A vela sustentada pelas alongadas vértebras desse dinossauro do Cretáceo era espetacular: chegava a medir quase 2 metros de altura.

▼ESTEGOSSAURO

Tinha duas fileiras de placas ósseas nas costas, que podiam medir até cerca de 1 metro, além de quatro espinhos na cauda, que era usado como defesa.

KENTROSSAURO ▼

Parente próximo do Estegossauro, mas menor, tinha espinhos nas costas, e não apenas na cauda. Ambos viveram no período Jurássico.

Alguns dinossauros tinham uma ou duas fileiras de placas ósseas nas costas, assim como espinhos cobertos de pele que, provavelmente, ajudava a regular a temperatura.

Imagine uma vela enorme como a do Espinossauro exposta ao sol: ela esquentaria rapidamente e o calor passaria para o corpo. Mas se posicionada ao contrário, ou seja, se colocada de frente para o vento, ela esfriaria rapidamente. Assim, o dinossauro podia se aquecer ou resfriar de acordo com suas necessidades.

DINOSSAUROS COM PENAS

◄ UTAHRAPTOR

Era um predador temível, com dentes afiados e garras cortantes como facas. Media até 6 metros de comprimento.

DEINONICO ►

Tinha uma enorme garra no segundo dedo das pernas traseiras, e sua boca era uma verdadeira máquina de matar, com cerca de 70 dentes curvos e bem afiados.

▼ ORNITOMIMO

Ele morava em áreas pantanosas. Acredita-se que era carnívoro e se alimentava de insetos, répteis e pequenos mamíferos.

◄ OVIRRAPTOR

O primeiro fóssil mostrou o Ovirraptor sentado em um ninho, supostamente roubando os ovos. Mais tarde, foi descoberto que ele estava apenas cuidando deles, como uma galinha.

As primeiras aves que voaram sobre a superfície do nosso planeta evoluíram a partir dos dinossauros com penas, como os que você acabou de ver nestas páginas.

Tudo começou há cerca de 85 milhões de anos, antes da grande extinção, quando alguns dinossauros surgiram com pelos longos (penas primitivas) e outros com penas que serviam para reter o calor do corpo. Mas nenhum desses dinossauros podia voar.

RÉPTEIS VOADORES

◀ PTERODÁCTILO

Era do tamanho de um gato grande, com asas medindo entre 50 centímetros e 1 metro. Graças aos seus ossos ocos, pesava apenas 2 quilos.

QUETZALCOATLO ▲

Foi o maior animal que já voou na Terra. Tinha envergadura de até 11 metros e podia pesar até 200 quilos.

◀ DIMORFODONTE

Seu bico era grosso como o dos tucanos, e ele possuía dois tipos de dentes, algo muito raro nos répteis, que costumam ter todos os dentes iguais.

ARQUEÓPTERIX ▲

Era uma espécie de pássaro-réptil. Tinha asas e penas como as de um pássaro, além de garras, dentes e uma cauda ossuda como a de um réptil.

É fácil confundir muitos dos animais que viveram na mesma época dos dinossauros, uma vez que eles eram semelhantes em alguns aspectos.

Mas foi outro tipo de réptil que conquistou os céus naquele período. Os pterossauros foram os primeiros vertebrados a aprender a voar, já que antes só voavam insetos. Esses répteis voadores surgiram com os dinossauros no início da era Mesozoica e também foram extintos com eles.

Foram descobertos sessenta tipos de pterossauros, mas os paleontólogos acreditam que existiram muito mais.

CRIATURAS MARINHAS

◄ ICTIOSSAURO

Tinha olhos grandes e uma mandíbula longa com dentes afiados. Era bem semelhante a um golfinho veloz.

MOSASSAURO ▼

Possuía cerca de cem vértebras, o que lhe dava muita flexibilidade e permitia que ele se movesse na água como uma enguia.

PLESIOSSAURO ▼

Tinha pescoço comprido e membros em forma de remo, que eram únicos no mundo subaquático. Graças a eles, podia nadar facilmente.

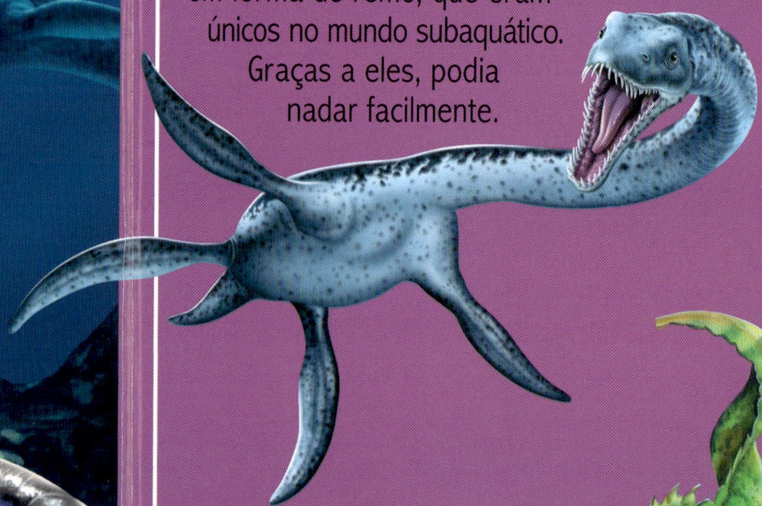

PLACODUS ►

Além de nadar, podia caminhar pelo fundo do mar com suas pernas curtas e robustas, capturando com suas garras moluscos presos às rochas.

Embora alguns dinossauros soubessem nadar, os verdadeiros reis dos oceanos eram os grandes répteis aquáticos.

Um dos predadores marinhos dominantes durante o Jurássico foi o Plesiossauro, que também tinha quatro membros, como outros répteis, mas já transformados para possibilitar o nado com agilidade.

Outro foi o Ictiossauro, um réptil mais evoluído e mais adaptado à vida aquática, cuja aparência e forma de nadar eram bem semelhantes às dos peixes atuais.

OS SOBREVIVENTES

◀ PLATIBELODON

Tinha presas em forma de pá que usava para extrair as plantas aquáticas das quais se alimentava. Está extinto, mas sua aparência era semelhante à dos elefantes modernos.

TERATORNIS ▼

Era uma enorme ave de rapina que media quase 4 metros de envergadura (com asas abertas). Seu nome significa "ave monstro". Tem uma forte relação com os raptores atuais; lembra muito o condor dos dias de hoje.

▼ TUATARA

Esse réptil é considerado um fóssil vivo, pois, embora a sua aparência tenha mudado um pouco ao longo do tempo, ele ainda existe! Ele vive na Nova Zelândia (tendo migrado da região que hoje é a América do Sul).

COBRA ▼

Todas as cobras existentes na Terra atualmente evoluíram de um grupo de espécies que se salvaram da grande extinção.

O FIM DOS DINOSSAUROS

Como já sabemos, os dinossauros foram extintos há milhões de anos, assim como a maioria dos répteis voadores e aquáticos com os quais eles coexistiram.

A vegetação daquela época também mal sobreviveu, o que afetou toda a vida no planeta e fez a paisagem mudar consideravelmente.

Porém, algumas espécies conseguiram sobreviver a essa grande mudança climática, sendo que algumas vivem entre nós nos dias de hoje.

Já não há répteis de 20 metros na Terra. Todos os dinossauros foram extintos em algum momento, há 65 milhões de anos, e, com eles, a maioria dos répteis voadores e aquáticos.

Porém, esses animais pré-históricos não morreram todos de uma vez. Aparentemente, algo (os cientistas ainda não têm certeza do que pode ter sido) fez com que eles fossem desaparecendo aos poucos.

TEORIAS SOBRE A EXTINÇÃO

1. A teoria mais aceita, proposta por Walter Álvarez, em 1980, afirma que há 65 milhões de anos, em algum lugar do planeta, um grande meteoro caiu e levantou uma imensa nuvem de poeira, causando um longo efeito estufa que alterou o clima. Os dinossauros não se adaptaram e morreram, enquanto os mamíferos ou aves sobreviveram.

2. Outra teoria afirma que os dinossauros poderiam ter sido envenenados ao comerem plantas e árvores tóxicas que surgiram naquela época. Com isso, os carnívoros também teriam morrido por ficarem sem presas.

3. Uma última teoria propõe que as mudanças climáticas vieram aos poucos: os vulcões começaram a entrar em erupção em todo o mundo, de modo que, no final do período Cretáceo, uma camada de cinzas e gases se acumulou no céu, impedindo a passagem dos raios do sol.

NOSSO TEMPO NA TERRA

Os dinossauros dominaram a Terra durante cerca de 180 milhões de anos – um tempo bastante impressionante considerando que o primeiro ancestral a partilhar características humanas com o homem moderno, o *Homo habilis*, viveu há cerca de 2,2 milhões de anos.

Ao longo de um extenso período, o planeta mudou muito e, com ele, todos os animais que o habitavam; é por isso que existiram dinossauros tão diferentes.

Nestes mapas do mundo, você descobrirá onde viveram as espécies citadas neste livro e em quais dos três períodos: Triássico, Jurássico e Cretáceo.

ÍNDICE ALFABÉTICO